EIICHIRO ODA

ONE PIECE

TOME SOIXANTE-TROIS
OTOHIME ET TIGER

Personnages

Les compagnons du Chapeau de Paille

MONKEY D. LUFFY
Garçon rêvant de devenir le seigneur des pirates. Après deux années d'entraînement, il retrouve ses compagnons et se lance à l'assaut du Nouveau Monde !

Capitaine. Prime : 400 millions ฿

RORONOA ZORRO
Propulsé sur l'ancien royaume de Moisito, il fait une croix sur son amour-propre et demande à Mihawk de lui enseigner l'art du sabre.

Combattant. Prime : 120 millions ฿

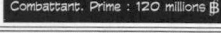

TONY-TONY CHOPPER
Après avoir étudié la composition du "remède fort" au royaume de Piaf, il rejoint son ancien équipage.

Médecin. Prime : 50 ฿

NAMI
Elle retrouve l'équipage après avoir étudié la météorologie du Nouveau Monde à Weatheria, un îlot céleste.

Navigatrice. Prime : 16 millions ฿

NICO ROBIN
Elle retrouve l'équipage après son séjour à Bartigo, où réside Dragon, le père de Luffy.

Archéologue. Prime : 80 millions ฿

PIPO
C'est sur l'archipel des Boyn qu'il reçoit l'enseignement d'Heraclesun afin de devenir un véritable "roi du tir", puis il part retrouver l'équipage.

Tireur. Prime : 30 millions ฿

FRANKY
Il se transforme en "Franky Brachial" au royaume futuriste de Balgimoa, puis retrouve les autres membres d'équipage.

Charpentier. Prime : 44 millions ฿

SANDY
Après de multiples combats face aux maîtres du newcomer kenpo au royaume de Kedétrav, il affiche désormais sa maturité.

Coq. Prime : 77 millions ฿

BROOK
Après avoir été exhibé comme phénomène de foire par la tribu des Longs-Bras, il retrouve ses compagnons sous l'identité de "Soul King" Brook, la superstar.

Musicien. Prime : 33 millions ฿

CARIBOU LA MÈCHE MOLLE
Capitaine de l'équipage Caribou

Mme SHIRLEY
Patronne du Mermaid Café

PAPPUG
Designer et fondateur de la marque "Criminal"

CAMIE
Employée du Mermaid Café

SHANKS

Capitaine de l'équipage du Roux.

L'un des quatre empereurs.
Il attend l'arrivée de Luffy
au Nouveau Monde, la
dernière partie de la Route
de tous les périls.

JINBEI

Anciennement l'un des
sept capitaines corsaires.

Il a quitté Luffy avant
que celui-ci n'entame son
entraînement pour retourner
sur l'île des hommes-poissons.

Royaume du palais des dragons

Neptune,
le roi des mers
Monarque du royaume
du palais des dragons

Ministre droit
Royaume du
palais des dragons

Ministre gauche
Royaume du
palais des dragons

Demande en mariage ▲

Shirahoshi la timide
Princesse du royaume
du palais des dragons

Fukaboshi, l'aîné
L'un des trois
frères Neptune

Manboshi, le benjamin
L'un des trois
frères Neptune

Ryuboshi, le cadet
L'un des trois
frères Neptune

Wadatsumi,
le moine de mer
Membre d'équipage
du Hollandais volant

Alliances

Hody Jones
Lieutenant de l'équipage
des New Fishman

Van der Decken IX
Capitaine du
Hollandais volant

Équipage du
Hollandais volant

Équipage des
New Fishman

Hammond
Garde des
New Fishman

Ikaros Mucchi
L'équipe des
New Fishman

Dosun
L'équipe des
New Fishman

Zeo
Lieutenant des
New Fishman

Daruma
Lieutenant des
New Fishman

Hyozo, le dur
Assassin des
New Fishman

Résumé des événements

Les compagnons du Chapeau de paille se réunissent à nouveau sur l'archipel des Sabaody
après deux années d'un entraînement intensif. L'équipage au complet reprend la mer.

Le Sunny met le cap sur "l'île des hommes-poissons" située à 10 000 mètres de profondeur
et parvient tant bien que mal à rejoindre sa destination. Cependant, une attaque des New
Fishman montre que la suite du périple risque d'être mouvementée... Alors qu'ils exploraient
l'île, Luffy et ses compagnons rencontrent Neptune, le souverain local. Ce dernier les invite en
son palais pour les remercier d'avoir sauvé le requin Megalo. Là, Luffy rencontre la princesse
Shirahoshi. Cette dernière est consignée depuis des années dans la tour de nacre, afin
d'échapper au pouvoir de Van der Decken. Face à la princesse qui rêve de voir le monde
extérieur, Luffy n'hésite pas et l'entraîne hors de sa tour !

OTOHIME ET TIGER
- TOME 63 -

- SOMMAIRE -

CHAPITRE 615
LA MALÉDICTION DU FRUIT DU CIBLAGE

Depuis le pont du monde, vol. 3 :
"Le mont Corvo"

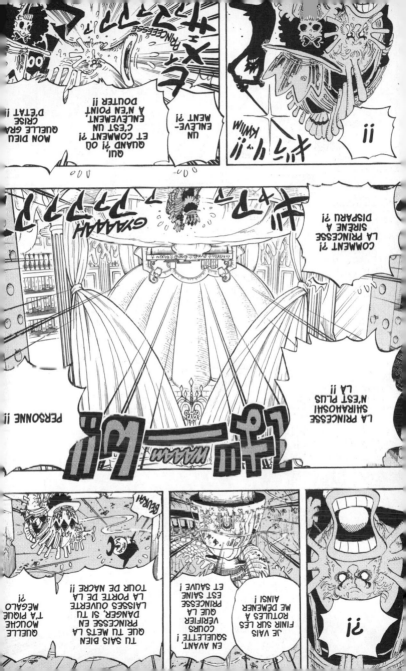

POURTANT, UN HOMME A ÉTÉ CAPABLE D'INTRODUIRE DE MULTIPLES OBJETS DANS LE PALAIS DURANT 10 ANS !!

LE PALAIS DES DRAGONS EST RÉPUTÉ INVIOLABLE...

JE VAIS DONC EXPOSER LA PREMIÈRE ÉTAPE DE L'OPÉRATION...

C'EST BON, TOUS LES PIRATES HUMAINS ONT COMPRIS LE POUVOIR DE DECKEN ?!

CET HOMME, C'EST VAN DER DECKEN !!

?!

LE VIL

LE FOURB

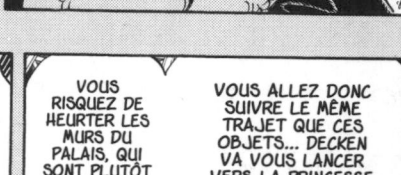

...

ON VA TOUS CREVER EN COGNANT LES MURS !!

C'EST... C'EST DU DÉLIRE !!

VOUS RISQUEZ DE HEURTER LES MURS DU PALAIS, QUI SONT PLUTÔT SOLIDES... MAIS BREF !!

VOUS ALLEZ DONC SUIVRE LE MÊME TRAJET QUE CES OBJETS... DECKEN VA VOUS LANCER VERS LA PRINCESSE SIRÈNE !! POUR VOTRE INFORMATION...

UNE FOIS SUR PLACE VOTRE RÔLE SERA DE PÉNÉTRER DANS L'ENCEINTE DU PALAIS AFIN DE NOUS OUVRIR LA PORTE !!

T UN
E,
LORS
?!

EN REVANCHE, VOUS SEREZ LIBÉRÉS SI VOUS SURVIVEZ AU CHOC ET MENEZ VOTRE MISSION À BIEN !!

VOS VIES D'HUMAINS N'ONT DE TOUTE FAÇON PAS D'AUTRE UTILITÉ !!

PAR CONTRE, TOUT DÉSERTEUR SERA IMMÉDIATEMENT JETÉ HORS DE LA BULLE !! C'EST BIEN CLAIR, BANDE DE LARVES ?!

?!

ICI, MÊME UN ESCLAVE AURAIT PLUS DE VALEUR QUE VOUS !!

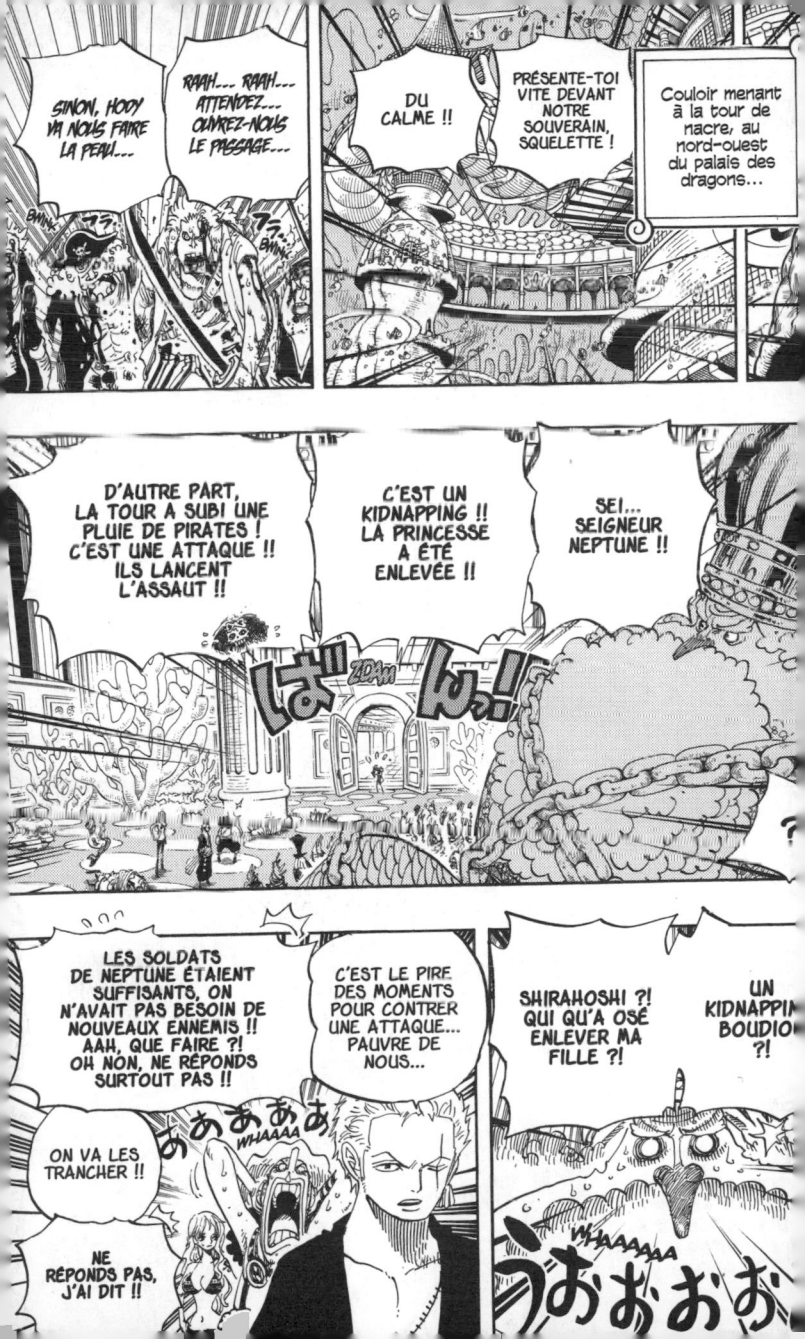

(Ponyo, Aichi)

(Lecteur) : Nous aussi, on a toujours eu cette "soif d'expérience directe" ! Et c'est grâce à cette expérience qu'on a pu sentir ce que vous alliez faire, m'sieur Oda !
Vous alliez annoncer... **"Les questions que tout le monde se pose"** !!! (pseudo : Parks Yoyogi)

(Oda) : Gwaaah !! Vous avez lu dans ma tête !!!
Je suis tombé sur des utilisateurs du fluide !! Bref, comme la séance de questions est lancée, je vais en profiter pour vous communiquer trois informations d'importance.
Tout d'abord, j'ai décidé que ce volume de *One Piece* compterait 12 épisodes. Cependant, le prix reste identique. Du coup, les pages bonus de fin de volume disparaissent, vous m'en voyez navré.

Deuxième point, comme il n'y a pas de pages bonus, je reporte l'interview de Chô-san, le doubleur de Brook. Je suis désolé de le faire attendre, mais son interview paraîtra dans le prochain tome, sans doute.

Troisième point, eh bien... "Je suis devenu fan des boîtes de conserve !"
Aïe ! Ne me jetez pas d'objets !! Quoi ?! Vous vous fichez des dernières nouvelles sur ma vie privée ?! C'est pourtant bon, les maquereaux en conserve !!

: J'ai une question sur l'illustration du chapitre 614. Regardez, c'est bien un bébé que Makino serre dans ses bras ?! Ce bébé est donc à Makino, j'imagine ?! Et ça veut dire que le père, c'est moi ?!! (pseudo : Tanpopo)

: Non, c'est pas toi !!
Oups... Désolé de m'être emporté... En tout cas, oui... Makino est devenue mère... Elle semble si heureuse... Quant au père, c'est sans doute cet homme... Oui, c'est certain...

CHAPITRE 616
L'ANNIVERSAIRE D'UNE VENGEANCE

Depuis le pont du monde, vol. 4 :
"Shell Town - Rika, en apprentissage
de serveuse dans la base de la Marine -"

BAAH HO HO ii
POUR MOI, CE JOUR
EST L'ANNIVERSAIRE DE
MES FIANÇAILLES AVEC
SHIRAHOSHI ii MAIS INUTILE
DE ME PRESSER POUR
LE MARIAGE... JE PEUX
ATTENDRE DEMAIN ii

QUANT
AUX HUMAINS,
CES ÊTRES
INFÉRIEURS
INCAPABLES DE
RESPIRER SOUS
L'EAU, ILS DOIVENT
ÊTRE SOUMIS ii

AUJOURD'HUI, NOUS
ALLONS CORRIGER UNE
ERREUR HISTORIQUE QUI
N'A QUE TROP DURÉ ii

VITE.... PRÉVENEZ LE CENTRAL...

QU'ELLE S'EST ÉCHAPPÉE !

OSAKANA BUS

Arrêt d'une lign de bus Osakana.

en direction de la forê marine.

ゴ"ロロロロ...

BLOURB

J'EN ÉTAIS SÛRE...

CE LIEU CACHE UN PONEGLYPHE...

FWIP FWIP BLOURB

* FORÊT MARINE

CE PAYS EST SANS DOUTE LA C PERMETTAN D'ÉLUCIDER

LE MYSTÈ DU SIÈCL D'HISTOIR DISPARU

ル'H... SHLIF

MAIS SI !
TU ES COMME
UN POISSON
DANS L'EAU DÈS
QU'IL S'AGIT
D'ASSASSINER !

Au palais
des
dragons...

ARRÊTE
D'INSINUER
QUE J'AIME
MASSACRER
LES GENS !!

BREF, MON PLUS
GRAND REPROCHE EST
QUE TU LES AS TOUS
MASSACRÉS ! COMMENT
CONNAÎTRE LEURS
INTENTIONS,
À PRÉSENT ?!

CES GUS
N'ÉTAIENT
PAS LÀ POUR
DISCUTER !!

CELA
AURAIT
PERMIS
D'ENTAMER
LES DISCUS-
SIONS, ET...

UN THÉ,
OUI !
BONNE
IDÉE,
MON
BRAVE !

T'AURAIS
PRÉFÉRÉ QUE
JE SERVE UN THÉ
À CES PIRATES
QUAND ILS SE
SONT JETÉS SUR
MOI AVEC LEURS
ÉPÉES ?!

JE SUIS
PAS LÀ POUR
TE RENDRE
SERVICE !!

LUFFY A
SANS DOUTE
RENCONTRÉ LA
PRINCESSE...
J'AIMERAIS BIEN
AVOIR CE PLAISIR,
MOI AUSSI !

TOUT VA DE
MAL EN PIS...

SQU'ON TE
DIT QU'ON L'A
ENLEVÉE,
PRINCESSE !!
ES BOUCHÉ
?!

SHIRAHOSHI !!

COMMENCEZ
D'JÀ PAR
DÉTACHER MES
CHAÎNES, BOUDIOU !
ET RENDEZ-MOI
MA SHIRAHOSHI,
AFFREUX
PIGNOUFS !!

C'EST
PORTANT BIEN
LUFFY QU'EST
COUPAB'
BOUDIOU !!

BROOM

EN EFFET...
C'EST DUR DE
CROIRE QU'ON
EST AU FOND DE
L'EAU, ICI...

JE CONSACRE
MA VIE À L'ÉTUDE DE
CETTE MYSTÉRIEUSE
FORÊT MARINE...

L'ÎLE EST
PLUTÔT
ÉTRANGE,
ELLE
AUSSI...

T'AS VU LE
TRAVAIL, UN PEU ?!
C'EST LE MÊME BOIS
QUE TOM A UTILISÉ
POUR LE NAVIRE
DU SEIGNEUR DES
PIRATES !

CE BATEAU
EST AUSSI
MAGNIFIQUE
QUE SON
BOIS...

TU AS
FAÇONNÉ LE
BOIS D'ADAM
AVEC UNE
GRANDE
HABILETÉ...

LES PLANS
AUSSI SONT
MON PETIT
CHEF-
D'ŒUVRE !

TU SAIS, LES
BALEINES SONT
RÉPUTÉES...

POUR
N'APPARAÎTRE
QUE DANS LES
MERS RICHES
ET PLEINES
DE VIES...

MERCI
BIEN, EUH...
C'EST QUOI
TON NOM,
DÉJÀ ?

HÉ HÉ...
JE ME CHARGE
DU REVÊTEMENT
DE TON BATEAU,
COMPTE SUR
MOI !

HA HA HA... JE COMPRENDS QU'UN HOMME PENSE AINSI...

cadet   aîné

J'AI DU MAL À VOUS TROUVER UN AIR DE FAMILLE...

DEN, HEIN ? T'ES LOIN DE RESSEMBLER À TON FRÈRE... DÉJÀ T'ES UNE SIRÈNE, ET PAS UN FUGU...

JE SUIS DEN !

C'EST VRAI QUE SUR TERRE, LES HOMMES SE RESSEMBLENT QUAND ILS SONT DE LA MÊME FAMILLE ET PARTAGENT LES MÊMES RACINES...

IMAGINONS QU'UN COUPLE DE SIRÈNES-POULPES ENFANTE UNE SIRÈNE-REQUIN...

LES SIRÈNES COMME LES HOMMES-POISSONS GARDENT DANS LEUR ADN LA MÉMOIRE PRÉCISE DE LEURS TRÈS NOMBREUX ANCÊTRES...

C'EST UN PEU DIFFÉRENT POUR NOUS...

parents et enfants

CELA VEUT DIRE QUE CE COUPLE COMPTAIT, PARMI SES ANCÊTRES MÊME LOINTAINS, UNE SIRÈNE-REQUIN...

VOILÀ POURQUOI NOUS NE COMPRENONS PAS CETTE PROPENSION QU'ONT LES HOMMES...

SUR L'ÎLE DES HOMMES-POISSONS, LA RESSEMBLANCE ENTRE LES PARENTS ET LES ENFANTS N'EST PAS IMPORTANTE...

À VOULOIR NOUS CLASSER SELON NOTRE APPARENCE...

DEN

Charpentier naval et explorateur de la forêt marine —
DEN
(Petit frère de Tom)
(Sirène poisson loup de Béring)

au palais des dragons...

GLOUB

GLOUB

Entrée du tube d'accès, conduisant...

WOOO...

GWON

et sa "porte royale"...

GWOOO

Entrée principale du palais...

COMMENT ÊTES-VOUS PARVENUS JUSQU'ICI, GREDINS ?!

HODY ? CRÉNOM...

IL N'EST PAS SEUL ! HODY JONES, DU QUARTIER DES HOMMES-POISSONS, L'ACCOMPAGNE !! POURQUOI EST-IL REVENU ?!

CE VISAGE... IL S'AGIT DE L'ABOMINABLE VAN DER DECKEN QUI SE MANIFESTE ENFIN !!

GWOOO

IL ÉTAIT L'UN DES MEILLEURS SOLDATS DE NOTRE ARMÉE, AUTREFOIS !!

GWAAH !!

LUI, ICI ?!

3 QUESTIONS QUE TOUT LE MONDE SE POSE

(Ponyo, Aichi)

SHANKS EN VRAI

L : M'sieur Oda, je vous écris pour vous demander un service : pouvez-vous diffuser ce portrait de Shanks, effectué dans un style réaliste ? (pseudo : Sui)

O : Ooh, un portrait réaliste de Shanks ?! Voyons voir... Aargh !! ...!! ...!!

- : J'ai une question sur le couvre-chef que porte Chopper après son entraînement de deux ans. S'agit-il d'une combinaison de son ancien chapeau et d'un bonnet bleu clair ? Si je me trompe, vous veillerez à me fournir une explication des plus précises, merci !! (pseudo : πshita Ōnuki)

O : Vous avez vu juste ! Il a ajouté ce bonnet bleu par-dessus son chapeau rose, qui est un véritable trésor pour lui, et qu'il n'allait donc pas remplacer.

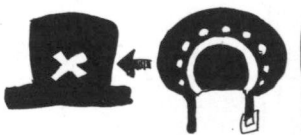

- : J'aimerais voir le dessin du kraken réalisé par Robin. (pseudo : Ruki)

O : Oh oui, bonne idée ! Jetons un coup d'œil... Aargh !! ...!! ...!!

- : Dans la scène du chapitre 612, à Poissonnerie Hills, on peut voir un personnage féminin qui m'a rappelé Octopako. Pourquoi ce personnage est-il énervé ? (pseudo : Princesse Shirasuboshi)

O : Bravo, vous avez l'œil : il s'agit bien d'Octopako ! C'est elle qui a plaqué Octo dans la page de titre du chapitre 203 (volume 22).
En réalité, Octopako est née dans la haute bourgeoisie de Poissonnerie Hills. Son rêve est de se marier avec un prince de l'île, mais elle n'a encore jamais eu l'occasion de se rendre au Palais des dragons. Pourtant Camie, simple serveuse dans l'échoppe d'Octo, ainsi que bien des pirates de basse extraction, ont déjà eu l'occasion de se rendre au palais, eux ! Voilà pourquoi Octopako s'énerve : "Raah, je veux aller au palais moi aussiii !!"

42

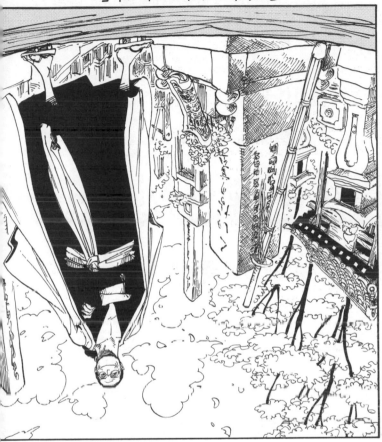

CHAPITRE 617
INCIDENT À LA COLLINE DE CORAIL

JE SUIS DEVENU FORT GRÂCE À VOUS, C'EST VRAI !!

TRAÎTRE !!

DANS LE SEUL BUT D'APPRENDRE VOS TECHNIQUES DE COMBAT PAR LA PRATIQUE !

CEPENDANT, J'AI CHOISI D'ÊTRE L'UN DE VOS SOLDATS...

J'AURAIS PEUT-ÊTRE EU HONTE, OUI, SI J'AVAIS RESSENTI LE MOINDRE HONNEUR À SERVIR DANS L'ARMÉE DE NEPTUNE...

JAH HA HA... HONTE SUR MOI ?

MAIS DE LÀ À TROUVER UN ANCIEN SOLDAT DE L'ARMÉE DE NEPTUNE À LA TÊTE DES INSURGÉS... HONTE SUR TOI, HODY !!

NGHH... JINBEI M'AVAIT BIEN PARLÉ D'UN DÉBUT DE RÉVOLTE DANS LE QUARTIER DES HOMMES-POISSONS...

CETTE MARQUE AU FER ROUGE... C'EST CELLE D'ARLONG ?!

LE DESTIN NOUS JOUE DES TOURS ÉTRANGES. IMAGINEZ UN PEU, L'ÉQUIPAGE DU CHAPEAU DE PAILLE QUI NOUS AIDE À NOUS EMPARER DU PALAIS !!

UN TOUR DU DESTIN ?!

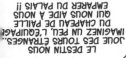

?!

!

QUELLE GOURDE CELLE-LÀ ! POURQUOI T'ES SORTIE DU REQUIN ?!

WHAAAA あああ ああ

LA... LA PRINCESSE SHIRAHOSHI EST PRISE EN OTAGE DEVANT NOS YEUX !!

JE SUIS NAVRÉE, LUFFY ! NE ME GRONDEZ PAS, JE VOUS EN CONJURE !

MAIS SI, JUSTEMENT !! TU AS PRESQUE PERDU LA VIE FACE À DES SIRÈNES NORMALES, ALORS...

NE BOUGE SURTOUT PAS ET CONTINUE DE ME REGARDER !!

VIENS PAS ME DIRE QU'EN ME RETOURNANT, JE POURRAI CONTEMPLER LA PRINCESSE SIRÈNE !!

NON SANDY, NON !! NE TE RETOURNE PAS !!

CE SALIGAUD DE PIRATE FAIT PLEURER NOTRE PRINCESSE EN PLUS !

CETTE PRINCESSE, LÀ... CE SERAIT... NON...

TU SAIS, CHOPPER... JE SUIS PRÊT À MOURIR POUR RÉALISER MON RÊVE !!

TON RÊVE, C'EST DE TROUVER ALL-BLUE !!

QUEL CRUEL DILEMME !! UNE VIE SANS L'AVOIR VUE VAUT-ELLE MIEUX QUE LA MORT ?

LA PRINCESSE SIRÈNE... LA PLUS GRANDE BEAUTÉ DE CE MONDE, SANS RIVALE CONNUE... CETTE MERVEILLE SANS PAREILLE SE TIENT LÀ, JUSTE DANS MON DOS...

!!

LA PRINCESSE SIRÈNE EST SI B... QUE TU ES SÛR... PASSER SI TU F... LES YEUX SU... ELLE !

PLIC
PLIC...

Don Quichotte Doflamingo

Marshall D. Teach

Boa Hancock

Sir Crocodile
(ancien capitaine
corsaire)

Bartholomew
Kuma

Gecko
Moria

Dracule Mihawk

Jinbei

L : M'sieur Oda !! S'il vous plaît !! vous pouvez me dessiner les sept capitaines corsaires quand ils étaient enfants ? Vous savez, ceux qui ont tant fait souffrir Barbe Blanche lors de la bataille au sommet !! (pseudo : Yutaka Harada)

O : Bon, d'accord. Voici les sept capitaines corsaires deux ans avant que la guerre n'éclate.

(Micchi, Fukuoka)

CHAPITRE 619

DANS LA FORÊT MARINE

Depuis le pont du monde, vol. 6 :
"Village d'Orange - Le magasin géant
d'alimentation animale ouvre ses portes"

IL EST GUÉRI ! IL A RETROUVÉ SON ATTITUDE NORMALE FACE AUX FEMMES !!

VOTRE SPLENDEUR DÉPASSE LES LIMITES DE MA TOILE !

INCAPABLE DE REPRÉSENTER TOUT L'ÉCLAT DE VOTRE BEAUTÉ !

JE ME SE COMME U PEINTRE.

TRALALALAAA ランララン ラ ラ～ン

C'EST DEN, LE PETIT FRÈRE DE MON PROFESSEUR TOM !

T'ES QUI TOI ?! TU FAIS QUOI SUR MON BATEAU ?!

QUE FAITES-VOUS ICI, PRINCESSE SHIRAHOSHI ?!

SANDY ES DE NOUVEA CINGLÉ CON AVANT !!

PRIN-CESSE !!

IL S'OCCUPE DU REVÊTEMENT DU SUNNY !

MMH ?!

OH !

TAP TAP アアッ！

PRINCESSE SHIRAHOSHI !! JE COMPRENDS VOS MOTIVATIONS, MAIS VOUS COUREZ DE GRANDS RISQUES HORS DE LA TOUR DE NACRE !!

VOILÀ C'EST À PEU PRÈS ÇA !

AH, D'ACCORD C'EST UN PROFESSEU QUI S'OCCU DU REVÊTEM DE TON PE FRÈRE, FRAN

ぐり TIP

C'EST LA TOMBE DONT ELLE PARLAIT ?

LA PRINCESSE N'A PU ASSISTER AUX FUNÉRAILLES DE LA REINE CAR VAN DER DECKEN LA MENAÇAIT DÉJÀ...

ET COMME SI CELA NE SUFFISAIT PAS, ELLE A DÛ RESTER ENFERMÉE DURANT DIX ANNÉES DANS LA TOUR DE NACRE...

ÇA FAIT TROIS PLOMBES QU'ELLE RESTE LÀ SANS BOUGER !!

LA REINE OTOHIME, L[...] MÈRE DE L[...] PRINCESSE REPOSE DA[...] CE TOMBEA[...]

À DIRE À SA MÈRE...

ELLE DOIT AVOIR BIEN D[...] CHOSES...

NAMI CHÉRIIIE ! ♡

HÉ, NAMI ! LE BANQUET A COMMENCÉ, PAR HASARD ?!

TIENS, IL EST AVEC LA PRINCESSE ?!

LUFFYYY !!

IL EST BEL ET BIEN GUÉRI !

KKHH

MOUIK MOUIK

!

HODY DÉLIRE COMPLÈTEMENT !!

C'EST VRAI, CETTE HISTOIRE ?!

JE NE PEUX POINT CROIRE QUE PÈRE AIT ÉTÉ CAPTURÉ !

ÇA, JE L'IGNORE ! JE COMPTAIS RETOURNER VERS EUX APRÈS VOUS AVOIR VUS...

ILS SONT OÙ, ZORRO ET LES AUTRES ?!

J'IGNORAIS QUE LE PALAIS FAISAIT FACE À UNE SITUATION SI CRITIQUE !!

OCTO, T'EST-IL RRIVÉ ?!

(Tomoya Satô, Yamakashi)

: M'sieur Oda, j'ai remarqué quelque chose d'incroyable, aujourd'hui ! Les sirènes qui atteignent la trentaine voient leur nageoire se fendre en deux, n'est-ce pas ? Dans ce cas, "le vieux barbu poilu qui dit boudiou", autrement dit "le roi Neptune", a moins de 30 ans !! Hé, alors ?! J'espère que vous avez une bonne excuse, m'sieur Oda !! (pseudo : Capitaine de la troupe de capture des Tsuchinoko)

: Allons, je n'ai pas d'excuse à donner ! Neptune n'a qu'une nageoire, sans forcément avoir moins de 30 ans. En fait, ce point n'a pas été bien expliqué dans l'histoire, voilà tout. Seules les sirènes femelles de 30 ans et plus ont une nageoire double, qui leur permet de marcher sur la terre ferme. Comme vous avez pu le remarquer, la nageoire double ne concerne aucun homme sirène de l'île, qu'ils aient plus de 30 ans ou non. Ce qui est important dans tout ça, c'est que les sirènes femmes ayant la quarantaine ou la cinquantaine vivent principalement sur la terre ferme ! Et c'est bien normal puisque je ne voulais dessiner que de jeunes et jolies créatures dans la Crique des sirènes !!
J'ai le droit de vivre mes rêves à fond, non ?! Après tout, je suis mangaka !! Cette histoire est mon roman, ma fantaisie masculine !!

: Bonjour, enchanté m'sieur Oda ! J'ai 12 ans et je suis un grand fan de Mr 2, alias Bon Clay. Les sirènes du volume 62 sont hyper canon, dites donc ! J'aimerais savoir si **elles font caca ?** (pseudo : J'adore Bakuman)

: Stooop !! Ça te dirait de ne pas casser l'ambiance ?! Je viens de parler de fantaisie masculine, tu comprends ?! En tout cas, elles le font certainement de leur vivant. Selon moi, certaines de leurs écailles, plutôt situées vers le bas de la queue, doivent pouvoir se soulever.
Enfin, en bas ou en haut de la queue ? Ce point reste à éclaircir. Quoi qu'il en so NOOON !! caca La feeerme !!! et... oui, Sandy ?!

(Sandy) : Je lève des filets d'Oda, si tu continues à parler !! Les sirènes ne font pas ce genre de choses !! C'est compris ?!!

: Oui. Pardon.

98

CHAPITRE 620
UN PARC D'ATTRACTIONS TANT DÉSIRÉ

Depuis le pont du monde, vol. 7 :
"Île des animaux rares -
Sarfunkel, la femme tonneau, débarque sur l'île -"

La forêt marine...

OOOH ! MON PAUVRE PÈRE !!

OUIIIIIN...

MERCI MONSIEUR JINBEI... JE VOUS EN SAURAIS GRÉ...

JE VOUS PROMETS DE SAUVER LE ROI !!

OUI... ACCORDEZ-MOI QUELQUES MINUTES POUR PARLER À LUFFY...

OOH...

VOUS LE PENSEZ VRAIMENT ?

RASSUREZ-VOUS, PRINCESSE ! IL EST TROP TÔT POUR QUE SES RAVISSEURS PORTENT LA MAIN SUR LUI !

MES P'TITES CHÉRIIIES ! ♡

JINBEI, TU T'ES ACCUSÉ D'AVOIR "LÂCHÉ ARLONG DANS EAST BLUE"...

MERCI, TU LE POSES LÀ. ET TU SERAS GENTIL D'ARRÊTER TON CIRQUE, SANDY !

ON DOIT PARLER DE CHOSES SÉRIEUSES !

VOILÀ VOS THÉS ! ♡

POURRAIS-TU NOUS DONNER PLUS DE DÉTAILS ?

MMH ! J'ADORE CE TON CASSANT, NAMI CHÉRIE !!

C'ÉTAIT IL Y A LONGTEMPS, QUAND YOSAKU NOUS A RÉVÉLÉ TON EXISTENCE DE CAPITAINE CORSAIRE...

VRAIMENT ?

J'AI DÉJÀ ENTENDU CETTE HISTOIRE, MOI AUSSI !!

OUI...

NYUU... JINBEI.

VOILÀ CE QU'IL NOUS A DIT SUR TOI...

SPAK ドゥン !!

JE N'EN AI PAS CRU MES YEUX QUAND J'AI LU DANS LE JOURNAL, IL Y A DEUX ANS...

AH BEN, SI TU LE DIS ! D'AILLEURS, J'ESPÈRE QUE YOSAKU VA BIEN !!

J'IMAGINE QUE T'AVAIS OUBLIÉ CETTE HISTOIRE, LUFFY ?!

EN ÉCHANGE DE SON INTÉGRATION DANS LE CORPS DE SEPT CAPITAINES CORSAIRES...

QUE JINBEI ET TOI AVIEZ FAIT AMI-AMI...

CAR JE CROYAIS QUE C'ÉTAIT LUI QUI TIRAIT LES FICELLES DANS L'OMBRE DE LA BANDE D'ARLONG...

JINBEI A OBTENU QU'ARLONG ET SA BANDE SOIENT LÂCHÉS DANS EAST BLUE !

FUT MEURTRI PAR LES AGISSEMENTS D'ARLONG !

!!

CAR NAMI, NOTRE MAGNIFIQUE NAVIGATRICE, VIVAIT DANS UNE ÎLE DONT LE VILLAGE...

ATTENTION À CE QUE TU VAS BAVER !!

HÉ, JINBEI... JE VEUX BIEN ÉCOUTER TES EXCUSES, MAIS...

SOUS MA PROTECTION !!

JE PLACE CETTE ÎLE...

C'EST LE VIEUX BARBE BLANCHE, MAINTENANT DISPARU !!

CELUI QUI NOUS A SAUVÉS DE CETTE SITUATION...

L'ÎLE RETROUVA PAIX GRÂCE À LUI...

C'EST ÉTRANGE DE CONSTATER COMME POUVOIR ET PEUR DU CHANGEMENT VONT DE PAIR...

NYUU...

VOUS AVEZ PU CONSTATER CETTE RÉALITÉ DE VOS PROPRES YEUX SUR L'ARCHIPEL DES SABAODY !

CEPENDANT, LES HOMMES N'ONT PAS CESSÉ POUR AUTANT DE NOUS DÉTESTER !!

DEUX D'ENTRE NOUS SE SONT ALORS DRESSÉS POUR CHANGER LE COURS RÉPUGNANT QU'AVAIT PRIS...

LES PLUS PROMPTS À NOUS REJETER ÉTAIENT LES PLUS HAUTS PLACÉS DE CE MÊME GOUVERNEMENT !

C'EST LE GOUVERNEMENT MONDIAL QUI AVAIT RATIFIÉ L'AMITIÉ ENTRE LES HUMAINS ET LES HOMMES-POISSONS... POURTANT...

L'HISTOIRE DE NOTRE ÎLE...

ELLE ÉTAIT LA MÈRE DE LA PRINCESSE SHIRAHOSHI...

ELLE N'A CESSÉ DE DÉFENDRE AUPRÈS DES HABITANTS DE L'ÎLE L'IDÉE D'UNE VIE COMMUNE AVEC LES HOMMES...

LA "REINE OTOHIME"...

IL Y EUT...

EN ATTAQUANT SEUL MARIE-JOIE, TERRE SAINTE ET CAPITALE MONDIALE, AFIN DE SAUVER LES ESCLAVES QUI S'Y TROUVAIENT...

IL PRÊCHAIT NOTRE SÉPARATION D'AVEC LES HOMMES... IL A CHOISI D'ENFREINDRE LE PLUS GRAND TABOU DE CE MONDE...

"FISHER TIGER", LE GRAND HÉROS LIBÉRATEUR D'ESCLAVES !

IL Y EUT AUSSI...

WHAAAA'

AVEC LES ESCLAVES LIBÉRÉS, L'ÉQUIPAGE DES PIRATES DU SOLEIL...

C'EST L'HOMME QUI FORMA...

CE NOM ME DIT QUELQUE CHOSE...

FISHER MACHIN...

...

AVONS FAIT PARTIE DE CET ÉQUIPAGE DE PIRATES !

ARLONG, OCTO ET MOI BIEN SÛR...

SE TROUVÈRENT OPPOSÉS À LA REINE OTOHIME, QUI DÉFENDAIT QUANT À ELLE L'AMITIÉ AVEC LES HOMMES...

CEPENDANT, EN RAISON DE LEUR REJET DU GOUVERNEMENT, LES PIRATES DU SOLEIL...

DANS ON CAS, 'ENDANT...

QUI POURRAIT DIRE LEQUEL DES DEUX AVAIT RAISON ?

LA REINE AVAIT CHOISI D'ENDURER LE PRÉSENT POUR MIEUX CHANGER LE FUTUR...

BATEAU ENNEMI EN VUE !

PAR CONTRE, FISHER TIGER A RENONCÉ À SON FUTUR POUR SAUVER LES ESCLAVES DES SOUFFRANCES DE LEUR PRÉSENT...

LES QUESTIONS QUE TOUT LE MONDE SE POSE

(X. "Cool" Tarugama, Ibaraki)

— : M'sieur Odaaa !! Bonjour ! Je peux vous poser une question de but en blanc ? Cette scène où les personnages courent, c'est bien une reprise sous un angle différent de la scène avec Boa Hancock ? Je vous donnerai un autographe, si vous voulez bien répondre ! (pseudo : Coiffeur Gonke)

O : J'ai pas besoin d'autographe !! Cependant, votre remarque est excellente. Vous avez vraiment le coup d'œil pour les détails. La seule chose que je puisse ajouter, c'est que je me fiche tout à fait de votre autographe.

— : M. Oda, c'est une catastrophe ! En ce moment, nous sommes les seuls sur Terre à être coiffés d'une petite culotte ! (pseudo : Shinshu)

O : Quoi ?!! Dites-moi que c'est faux ! Tiens, en parlant de ça... Quand on était au collège, on portait tous un "chapeau"... D'autre part, la police m'arrêtait souvent sous prétexte que je ne portais pas de vêtements... Mais bon, tout va bien aujourd'hui !! (← Mais oui, bien sûr...)

À ce propos, je suis sûr que Chô-san, le doubleur de Brook, se coiffe d'une petite culotte, lui aussi ! Son interview, qui clôturera la séance de questions aux doubleurs, sera publiée dans le prochain volume !! J'ai hâte d'y être !!

CHAPITRE 621

OTOHIME ET TIGER

PARDONNEZ-MOI !

J'AI NÉGLIGÉ LES DIFFICULTÉS QUE VOUS AVEZ RENCONTRÉES, VOUS, UN COMPATRIOTE...

OUUH !! JE... JE NE VOULAIS PAS VOLER !!

AOUUH !! VOUS ÊTES PASSÉ À L'ACTE POUR DE TRÈS DOULOUREUSES RAISONS !!

LA VOIX DÉCHIRANTE DE VOTRE CŒUR...

PERCE MA POITRINE !!

JE SUIS DÉSOLÉE, MOI AUSSI... UN SEIGNEUR COMME MOI-ME N'AVONS NT ÉTÉ À HAUTEUR...

CAR VOS ACTES NE FERONT QU'ENTRAÎNER D'AUTRES MALHEURS !!

CELA RESTE INADMISSIBLE !!

MON COMMERCE A DISPARU DANS UN INCENDIE !! JE N'AI PLUS NI TRAVAIL, NI ARGENT...

MAIS JE N'AVAIS PAS LE CHOIX !!

H... VOS LES NT ES...

BOUÉK !!

PAR-DOOON !!

MES DETTES AUGMENTENT ! ET MES ENFANTS MEURENT DE FAIM !!

OUUH...

LES HUMAINS QUI VIENNENT SUR CETTE ÎLE SONT ESSENTIELLEMENT DES PIRATES !

NE FAITES PAS ERREUR !

...

CES 10 000 MÈT QUI NOUS SÉPAR DE LA SURFAC SONT AUSSI L TAILLE DU FOSS L'INCOMPRÉHENS CREUSÉ ENTRE HOMMES ET NO

...

AUTANT DIRE QUE NOUS NE LES CONNAISSONS PAS DU TOUT !

CEUX QUI NOUS ACHÈTEN COMME ESCLAV SONT LES HUMA DÉTENTEURS D POUVOIR, LES NOBLES !

NOUS ALLONS DONC DÉPLACER NOTRE ROYAUME EN SURFACE AFIN QU'HUMAINS ET HOMMES-POISSONS PARTAGENT LE MÊME SOLEIL !

EN BREF, NOUS NE CONNAISSON QU'UNE PETIT PARTIE DES HOMMES !

C'EST IMPOSSI-BLE...

NON...

!!

POUR CELA, J'AIMERAIS QUE CHACUN D'ENTRE VOUS SIGNE L'UNE DE CES FEUILLES !

NOUS MONTRERONS CETTE VOLONTÉ AU MONDE LORS DU SOMMET MONDIAL QUI SE TIENDRA CETTE ANNÉE !

ばっ!!
SHLAK

L'HISTOIRE NOUS L'A DÉJÀ MONTRÉ...

CET APPEL A BEAU VENIR DE NOTRE REINE...

vol.63
ONE PIECE

ONE PIECE

vol.63

CHAPITRE 623

FISHER TIGER LE PIRATE

Depuis le pont du monde, vol. 9 :
"Village de Sirop - Kaya, étudiante en médecine -"

GWIP

RÉFLÉCHIS UN PEU...
TU CROIS QUE LA
SITUATION CHANGERA
SI ELLE EST LA SEULE
DE SON VILLAGE À
PRÉTENDRE QU'ON
EST SYMPAS ?

TU AS BIEN
CHANGÉ EN
TROIS ANS, MON
VIEUX JINBEI...

ARRÊTE,
ARLONG !

ELLE NE
VAUDRA PAS
MIEUX QUE
LES AUTRES,
UNE FOIS
ADULTE...

ARLONG,
ENFOIRÉ !

SA VOIX
S'ENVOLERA
AVEC LE VENT,
COMME CELLE
DE LA REINE
OTOHIME...

WAAAH

BOSS ?!

JE NE VEUX RIEN D'EUX... JE REFUSE DE LEUR ÊTRE REDEVABLE !!

CE SANG EST SOUILLÉ IL VIENT D'UN HUMAIN QUI NOUS MÉPRISE !

?!

HAA

FACE AUX HOMMES !!

WOOO

JE NE PLIERAI JAMAIS..

?

HAA

PEU APRÈS MON DÉPART... HAA... J'AI ÉTÉ CAPTURÉ ET ENFERMÉ...

DIS-MOUÉ... QU'AS-TU VU DURANT TON VOYAGE ?!

CE VOYAGE T'AURA PRIS BEAUCOUP DE TEMPS !

JE NE VOULAI PAS VOUS RACO CETTE HISTO MAIS, LORS DE DERNIER PÉRIPL

?!

QUOI ?!

À MARIE-JOIE... PENDANT PLUSIEURS ANNÉES...

LES "HUMAINS" !

QUE VIENS-TU FAIRE...

C'EST DONC TOI, ARLONG ?

DANS UN TEL ENDROIT ?

GWAAAH !!

Île de Full Shout, terre natale de Koala...

L'ÎLE QUI VOUS A PRÉVENUS VA ELLE AUSSI CONNAÎTRE MA COLÈRE !!

JE SUIS REVENU POUR MASSACRER LES HUMAINS QUI ONT TRAHI MON CAPITAINE !!

POURQUOI ÊTRE REVENU ?

FISHER TIGER EST MORT ! C'EST TOI ET TON ESPÈCE INFÉRIEURE QUI L'AVEZ TUÉ !

WOOM

TOI, TU VAS ME SUIVRE...

HOO... IL EST MORT ? QUEL MALHEUR !

Vice-amiral du [...] de la Marine -

BORSALINO [...]

(Le futur amiral Ki[...]

!!

OUHH !!

CHAPITRE 624
LA REINE OTOHIME

Depuis le pont du monde, vol. 10 :
"Village de Kokoyashi - Le bateau de Yosaku & Johnny -"

* VILLAGE DE KOKOYASHI - LES FRÈRES DU PORT
** N°2 LE BOUNTY - YOSAKU & JOHNNY
*** 大漁 : "BONNE PÊCHE" - 海 : "MER"

SBLANK

ARLONG, membre des pirates du soleil, est libéré...

ARLONG !! ARLONG !!

TU ES DONC DEVENU...

CHIEN DU [G]ERNEMENT [HU]MAIN ?!

HÉ, TU SAVAIS QUE JINBEI...

ÉTAIT DEVENU CAPITAINE CORSAIRE ?!

L'ÉQUIPAGE D'ARLONG VA [R]EVOIR LE JOUR [M]AINTENANT QUE [TI]GER EST MORT !

[T]OUS CEUX QUI [P]ARTAGENT MA [V]ISION SERONT [L]ES BIENVENUS !

JE N'AI AUCUNE ENVIE D'ÊTRE TON SUBORDONNÉ, PLANQUÉ BIEN À L'ABRI SOUS TON AILE !

STAC STAC

!

TU N'ES PLUS QU'UN OPPORTUNISTE, MON VIEUX...

AURAIS-TU OUBLIÉ LE DERNIER COMMANDEMENT DE TIGER, ARLONG ?!

LA HAINE ET LA COLÈRE NE MÈNENT NULLE PART !!

LA FIN D'UNE VOLONTÉ

CHAPITRE 625

la reine Otohime avait eu raison de la tyrannie des dragons célestes...

Après plusieurs jours de négociations...

LA REINE OTOHIME EST DE RETOUR !!

わあああ
WAAA

BIENVENUE, REINE OTOHIMEEE !!

SAVOIR QU'ELLE EST EN VIE SUFFIT DÉJÀ À MON BONHEUR.

REINE OTOHIMEEE !!

portait les espoirs de tous les hommes-poissons.

La feuille qu'elle ramenait avec elle...

わああ
WAAAH

あああ

CHAPITRE 626

LES TROIS FRÈRES NEPTUNE

Depuis le pont du monde, vol. 12 :
"Baratie – Sous-marin à desserts "Sister Anko", attelé au Baratie –

ET C'EST À CE MOMENT-LÀ QUE LE MONDE CONNAÎTRA DE PROFONDS BOULEVER-SEMENTS !

LA LÉGENDE AJOUTE QUE CETTE SIRÈNE, SHIRAHOSHI EN L'OCCURRENCE, RECEVRA LA VISITE D'UN INCONNU CHARGÉ DE GUIDER SON POUVOIR SUR LA BONNE VOIE...

ELLE POURRA SAUVER DES VIES... DES MILLIERS DE VIES, MÊME !

CERTAINEMENT, OUI... SI ELLE DISPOSE DE LA FORCE DE L'AMOUR...

J'ESPÈRE QUE NOTRE SŒUR VOUS VIENDRA EN AIDE...

SI LA LÉGENDE EST VRAIE, DE GRANDS CHANGEMENTS TOUCHERONT AUSSI NOTRE ÎLE !

LE MONDE ?!

POUR L'INSTANT, ELLE EST LA PREMIÈRE À TOUT IGNORER DE SON POUVOIR.

PAR CONTRE, SI SON POUVOIR TOURNE MAL, ELLE RISQUE DE LAISSER DÉFERLER SUR NOTRE MONDE...

ELLE NE PEUT LE CONTRÔLER...

LES PLUS GRANDES CATASTROPHES QU'IL AIT JAMAIS CONNUES !

DANS CE CAS, NOTRE ÎLE SERA VITE ENGLOUTIE ! QUE DEVONS-NOUS FAIRE ?!

ELLE RISQUE DE RENDRE LES MONSTRES MARINS FOUS FURIEUX...

NE VOUS INQUIÉTEZ PAS, JE FERAI EN SORTE QUE CELA N'ARRIVE PAS !!

SI ELLE REÇOIT UN CHOC PLUS IMPORTANT QUE LA DERNIÈRE FOIS !

OH !

CE QUE JE VOUS DEMANDE, C'EST DE DEVENIR DE BONS SOLDATS.

QUI VEILLERONT SANS RELÂCHE SUR LEUR PETITE SŒUR !

AINSI, VOUS SEREZ DES FRÈRES MAIS AUSSI DE COMBATTANTS

MERCI !!

AVEC PLAISIR !!

WOOM

OUI !!

Fin du tome 63

COLLECTION SHONEN

BLEACH

Tite Kubo

Lycéen de 15 ans, Ichigo Kurosaki possède un don très spécial : il peut voir les esprits. Un jour, attaqué par un monstre appelé Hollow, il rencontre Rukia Kuchiki, une Shinigami ou "dieu de la mort", qui lui confie accidentellement la totalité de ses pouvoirs. Ichigo doit alors apprendre à gérer sa vie de lycéen tout en assumant ses nouveaux devoirs de chasseur de démons.

Avec son graphisme soigné et son rythme trépidant, *Bleach* est définitivement le plus rock'n'roll des shōnen d'action !

Un lycéen ordinaire au don particulier...

shonenjump.com

BLEACH

La mafia cherche
son successeur

Tsuna n'a pas la vie facile : lycéen médiocre et
loser pur jus, il est dernier partout et, pour ne
rien arranger, amoureux transis de Kyoko, la
plus jolie fille du lycée. Jusqu'à ce que débarque
son-nouveau tuteur : Reborn, un bébé tueur à
gages envoyé par un parrain de la mafia. Sa vraie
mission : faire du jeune garçon le 10° parrain de
la puissante famille Vongola.
Farfelu et complètement décalé, *Reborn* est un
shônen hilarant basé sur un concept étonnant :
la résurrection et la "puissance de la dernière
volonté !"

REBORN
Akira Amano

COLLECTION SHONEN

Les tueuses aux yeux d'argent,
seules capables de résister
aux démons

Dans un monde médiéval, des démons attaquent et dévorent la population. Les villageois ne peuvent survivre qu'en faisant appel aux claymores, des femmes mi-humaines mi-démons aux pouvoirs gigantesques. Raki, un jeune garçon dont la famille a été décimée, décide d'accompagner Claire, la claymore qui lui a sauvé la vie, et découvre peu à peu le destin tragique de ces jeunes femmes.

Épique et flamboyant, *Claymore* est un pur récit d'heroic fantasy qui ravira les amateurs de combats sanglants et démesurés.

CLAYMORE

Norihiro Yagi

COLLECTION SHONEN

CLAYMORE

Glénat
EDITION FRANÇAISE

COLLECTION SHONEN

ONE PIECE

© 1997 by Eiichiro Oda
All rights reserved.
First published in Japan in 1997 by SHUEISHA Inc., Tokyo.
French translation rights in France and French-speaking Belgium, Luxembourg,
Monaco, Switzerland and Canada arranged by SHUEISHA Inc.
through VIZ Media Europe, Sarl, France

Édition française
Traduction du japonais : Akiko Indei et Pierre Fernande
Correction : Thomas Lameth
Lettrage : Bakayaro!

© 2012, Éditions Glénat
Couvent Sainte-Cécile – 37, rue Servan – 38000 Grenoble.
ISBN : 978-2-7234-8769-6
ISSN : 1253-1928
Dépôt légal : juillet 2012

Imprimé en France en juin 2012
par Hérissey – 27 000 Évreux
sur papier provenant de forêts gérées de manière durable

www.glenatmanga.com